WINTERTRAUM & SCHNEEGESTÖBER

ENTSPANNTE
AUSMAL-MOMENTE

arsEdition

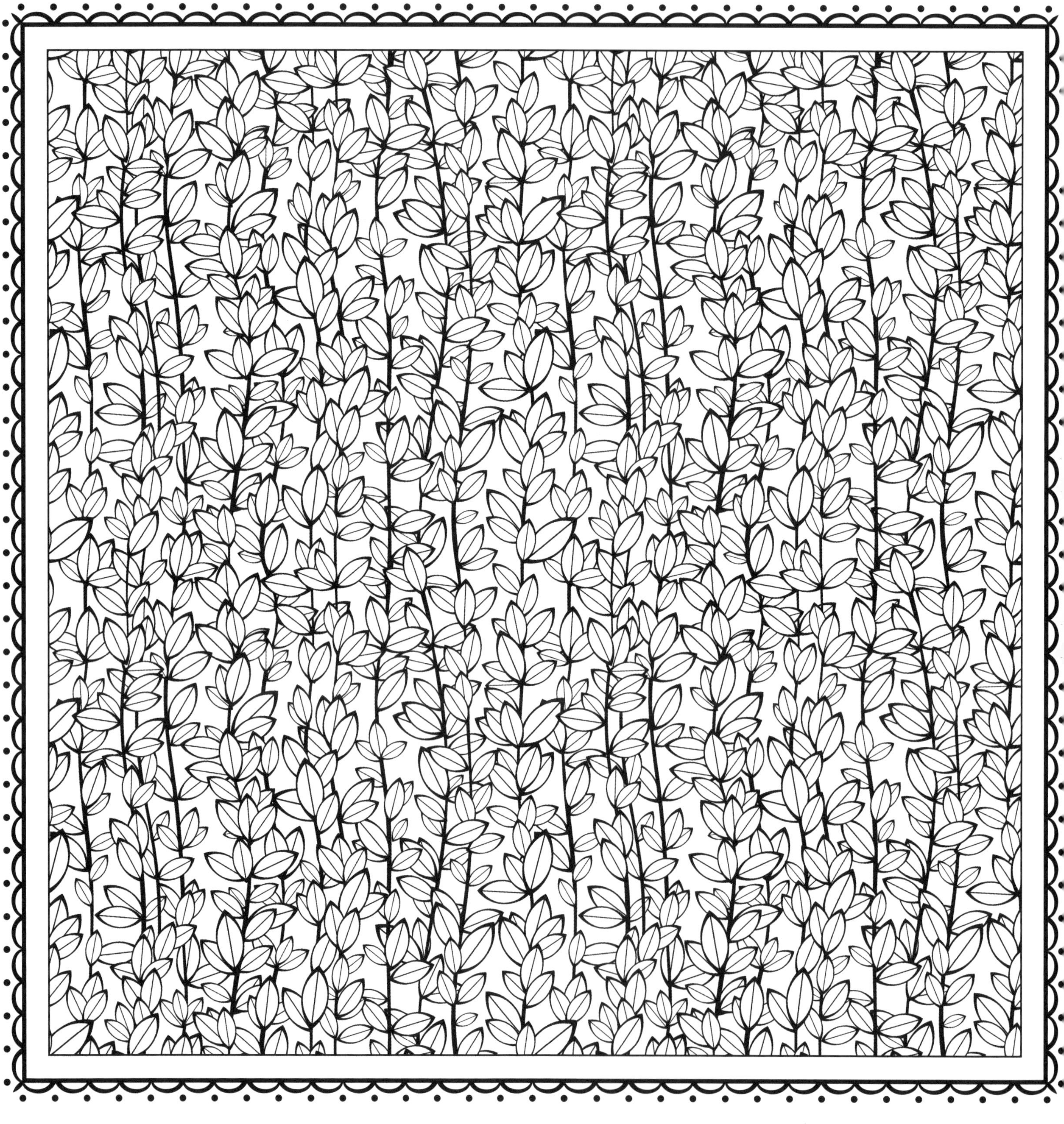

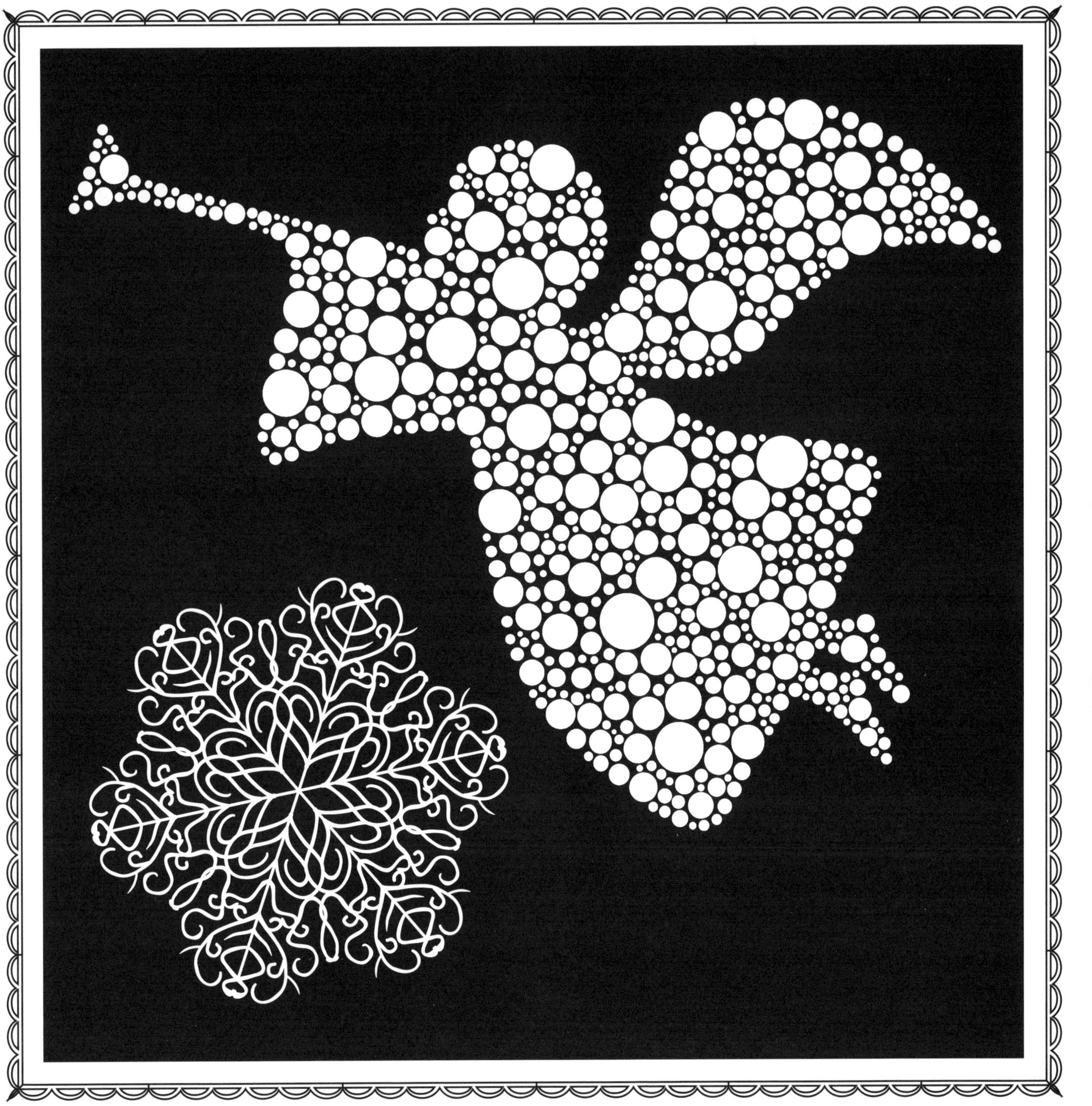

Noch mehr Glücksmomente:

ISBN 978-3-8458-4585-2

ISBN 978-3-8458-3980-6

ISBN 978-3-8458-4584-5

ISBN 978-3-8458-4211-0

GTIN 40-14489-12738-3

GTIN 40-14489-12750-5

arsEdition

... bringt Freude

... noch mehr Freude ...

mit Geschenkbüchern, die glücklich machen:
www.arsedition.de

Glück im Postfach: der Newsletter von arsEdition!
Abonnieren unter **www.arsedition.de/newsletter**

Friedrichstraße 9, D-80801 München

Gestaltung: Grafisches Atelier, arsEdition und
Eva Schindler, Atelier für grafische Gestaltung
Kolorierung: Grafisches Atelier, Luisa Amann
Motive: www.shutterstock.com: Anastasiia Veretennikova, arigato, Cara-Foto; © stock.adobe.com: 124751643, cienpiesnf, Coffeechocolates, Elenapro, imhope, lullis, Marina Zlochin, Matthias Enter, misterry, namosh, Olga Drozdova, thingamajiggs; Getty Images / Thinkstock
ISBN 978-3-8458-4495-4
www.arsedition.de

FSC
MIX
Papier aus verantwortungsvollen Quellen
FSC® C002795